AF501073

ANNALES

PAROISSIALES

DE LA CHAPELLE-AU-GRAIN,

Diocèse de Laval.

MAYENNE
DERENNE, IMPRIMEUR-LIBRAIRE.
1860.

ÉPITRE DÉDICATOIRE

DES

ANNALES PAROISSIALES

DE LA CHAPELLE-AU-GRAIN.

A MONSIEUR

L'ABBÉ LUCIEN LIBERGE, (1)

curé de Forcé, près Laval.

MONSIEUR LE CURÉ,

Pour répondre au désir de Mgr Wicart, évêque de Laval, exprimé dans son Ordonnance du 10 février 1856, j'ai entrepris d'écrire sur un registre d'ANNALES PAROISSIALES ce que la Chapelle-au-Grain me présenterait de plus remarquable. En faisant des recherches à cet effet, il m'est venu en pensée que ce petit travail pourrait intéresser les personnes riches et bienfaisantes qui connaissent notre pauvre paroisse, et que peut-être elles nous viendraient en aide pour compléter le bien qui s'y est fait, tout en leur indiquant celui qui reste encore à faire.

Vous savez, monsieur le Curé, que la Chapelle-au-Grain n'a point de *presbytère*, et que la tour de sa nouvelle église demande depuis six ans une *flèche* et une *cloche* convenable pour appeler les fidèles à l'office divin. J'ai donc eu la pensée de livrer ce

(1) Ancien Curé de la Chapelle-au-Grain.

petit écrit à l'impression, comme une tentative de succès : Dieu veuille bénir ce projet ! Toutefois, j'ai soumis mon dessein à Mgr l'Evêque, qui a bien voulu l'approuver.

C'est, monsieur et digne Curé, ce petit ouvrage que je viens vous dédier aujourd'hui. Aussitôt que j'ai eu l'intention de publier les ANNALES PAROISSIALES DE LA CHAPELLE-AU-GRAIN, j'ai eu en même temps la pensée de vous en faire la Dédicace. En effet, quel autre que vous mérite mieux cet hommage ? Pendant les six années et quatre mois que vous avez été Curé de la Chapelle-au-Grain, vous y avez laissé des souvenirs de zèle et des traces de bienfaits, qui ne s'effaceront jamais. La nouvelle église nous rappellera sans cesse les *six mille francs* que vous avez dépensés pour son achèvement, et la maison d'école les *quatre mille francs* qu'elle vous a coûté pour l'instruction si nécessaire de nos enfants. Comme votre successeur immédiat, il m'est donné de jouir des prémices de ces immenses avantages ; souffrez donc que je vous en témoigne ici ma parfaite gratitude par la Dédicace des ANNALES PAROISSIALES DE LA CHAPELLE-AU-GRAIN.

Veuillez agréer encore l'assurance
de l'affectueux attachement,
avec lequel je m'estime heureux d'être,

Monsieur le Curé,

votre très-humble et tout dévoué
serviteur en Notre Seigneur Jésus-Christ.

J.-B. BLIN,
curé de la Chapelle-au-Grain.

La Chapelle-au-Grain, le 25 juillet 1860.

ANNALES PAROISSIALES

DE LA CHAPELLE-AU-GRAIN.

PATRONS DE L'ÉGLISE DE LA CHAPELLE-AU-GRAIN.

La Chapelle-au-Grain avait toujours été considérée comme annexe de Saint-Georges-Buttavent jusqu'au 15 février 1843, époque où elle fut érigée en *succursale*, par une Ordonnance du roi Louis-Philippe. D'après les renseignements qu'on a pu recueillir verbalement, (car tous les papiers de l'église-mère de Saint-Georges ont été brûlés dans les temps malheureux de 1793), il y avait dans l'ancienne église trois autels : un dédié à Saint Martin, un à Saint Siméon, et l'autre à la Sainte Vierge. Ce dernier fut donné par un Archidiacre de Laval, nommé M. Roc, qui le fit construire vers la fin du XIVe siècle. On croit, d'après cette tradition orale, que la Sainte Vierge était alors Patronne principale de cette église. Pendant les dix dernières années de la célébration du culte divin dans l'ancienne église, deux autels ont été détruits ; il n'est resté que celui de Saint Martin, qui était devenu seul Patron de ce saint lieu.

Les habitants de la Chapelle-au-Grain désiraient que leur nouvelle église eût la Sainte Vierge pour première Patronne. Afin de seconder leur vœu, M. l'abbé Liberge, alors curé de cette paroisse, demanda à Mgr Bouvier, évêque du Mans, la permission de prendre la Sainte Vierge pour Patronne principale, en place de Saint Martin, et de célébrer sa fête, comme telle, le jour de l'Assomption, 15 août. En conséquence d'une autorisation du vénérable Prélat, en 1854, la Sainte Vierge devint première Patronne et Saint Martin second Patron de la nouvelle église de la Chapelle-au-Grain.

Ancienneté de la Chapelle-au-Grain. — Origine de son nom.

Comme on vient de le remarquer, au sujet de l'autel de la Sainte Vierge donné par M. l'abbé Roc, Archidiacre de Laval, il existait ici, au XIVe siècle, une Chapelle qui était sans aucun doute un lieu de pélerinage pour les habitants de la contrée, à peu près comme est celui de la chapelle de Notre-Dame-du-Hec. C'est de là, vraisemblablement, qu'est venu le nom de *Chapelle* à cette section de la commune de Saint-Georges-Buttavent.

Mais, dans la suite des temps, soit que cette chapelle se trouvât trop petite pour l'affluence des pélerins, ou pour la célébration du culte divin, ou bien qu'elle fût sur le point de tomber en ruines, elle fut remplacée, au XVIe siècle, par une autre plus vaste, qu'on nomme aujourd'hui la vieille église. (1)

Ce sont, d'après la tradition, deux religieux Bernardins, de la célèbre abbaye de Fontaine-Daniel, qui l'ont fait construire, au moyen de quêtes en grain, comme la nouvelle église a été bâtie par des aumônes en argent. C'est pour cette raison qu'on a ajouté au nom de la *Chapelle* les deux mots : *au-Grain* ; et que depuis cette époque, c'est-à-dire depuis environ trois cents ans, cet endroit s'appelle la *Chapelle-au-Grain*.

Il est présumable que, pour la commodité des habitants circonvoisins, trop éloignés de leurs églises paroissiales et respectives, les religieux Bernardins du monastère de Fontaine-Daniel (2)

(1) Cette église, remplacée par une nouvelle, sert actuellement de grange, à l'usage du presbytère.

(2) Le monastère de Fontaine-Daniel, habité, comme nous venons de le dire, par des religieux Bernardins, de l'Ordre de Citeaux, fondé, en 1244, par Juel Daniel, son premier abbé, dont le nom *Daniel* fut ajouté à celui de *Fontaine*; de là : *Fontaine-Daniel*. Le premier nom est dû à une fontaine remarquable, toujours abondante, qui est située dans une prairie voisine, au midi de Fontaine-Daniel, et qui, au moyen de tuyaux, porte au milieu des habitations ses eaux qui coulent perpétuellement au haut d'un petit pilastre en belles pierres de taille.

Ce monastère, après l'expulsion de ses religieux, fut déclaré bien de l'État par la révolution de 1793, et vendu à ce titre, à MM. Gasseau, frères. L'église de cette célèbre abbaye, maintenant complètement détruite, était célébrèrent primitivement l'office divin dans cette antique chapelle, appelée aujourd'hui la vieille église.

Toutefois, long-temps avant la grande révolution, la Chapelle-au-Grain était desservie par des Prêtres séculiers, qui avaient le titre de Vicaires

admirable par sa grandeur, par son élévation et par son architecture gothique. Les vieillards de la contrée, qui l'ont vue, assurent qu'un million de francs ne suffirait pas pour la remettre dans son état primitif. MM. Gasseau ont vendu, vers 1803, cette belle propriété à M. Pierre Horem, fondateur de la fabrique actuelle de coton, qui l'a donnée à son épouse, madame Sensitive Hermephile, veuve de M. Pierre Thoré.

Cette magnifique fabrique, qui est parfaitement dirigée, sous le double rapport moral et industriel, par sa propriétaire, madame Thoré, occupe environ 350 ouvriers pour la filature et le tissage. Les métiers, au nombre de 200, sont conduits par des femmes.

La fabrique de Fontaine-Daniel, située dans un délicieux vallon, est fort remarquable par la grandeur et la régularité de ses bâtiments qui, outre les vastes salles des ateliers, logent environ 550 personnes ; par le bel étang dont les eaux donnent le mouvement à ses rouages ; par ses vastes cours et ses beaux jardins ; par les bouquets de bois et le couronnement des coteaux qui l'entourent ; par sa fraîche et agréable promenade le long de l'étang, bordée de jeunes marronniers d'inde et de vieux hêtres dont les branches, en s'étendant, forment un admirable berceau ; et par son élégante petite place, plantée encore de jeunes et charmants marronniers d'inde et ornée de la fontaine perpétuelle dont nous avons parlé. La réunion de tous ses agréments lui donne l'aspect et la grâce d'une jolie petite ville. Saint-Georges-Buttavent doit être fier de posséder, dans sa commune, ce lieu ravissant qui, par ses souvenirs et son état actuel, est sans contredit la plus grande célébrité du pays.

de Saint-Georges-Buttavent. Ils recevaient, à ce titre, leur traitement, au moyen d'une partie des revenus de la lande de Feuhelin (1) qui, en ce temps, appartenait tout entière à la commune de

(1) La lande de Feuhelin contenait 80 hectares (environ 170 journaux). Elle fut donnée à Saint-Georges-Buttavent, en 1555, par le duc de Guise dit le *Balafré*. — La révolution de 1793 s'en empara. L'État la céda, vers 1807, à l'administration forestière. Enfin, elle fut restituée, en 1824, à la commune de Saint-Georges-Buttavent, qui la vendit légalement, en 1845, à différents acquéreurs, dont les principaux furent M. Moullin, propriétaire du château de Torbéchet (2), et MM. Martin et Charles Denis, frères, qui tous deux y ont fait bâtir deux magnifiques fermes, et construire une belle et vaste maison de campagne, qu'on devrait appeler, non pas *maison de la Haute-Lande,* mais bien plutôt le *château de Feuhelin*.

(2) Le château de Torbéchet, situé dans la commune de Saint-Georges-Buttavent, au bas d'un joli coteau tout près de la forêt de Mayenne, est remarquable par son antiquité et pour avoir appartenu au frère de Louis XVI, pendant qu'il portait le titre de *Monsieur*, et qui devint plus tard roi de France, sous le nom de Louis XVIII. Ce château avant la révolution de 1793 possédait un bénéfice ecclésiastique d'un revenu annuel d'environ 1500 *livres*. Le père de M. Moullin, propriétaire actuel de Torbéchet, fort lié avec M. de Cheverus, qui occupait, à Mayenne, une place dans la magistrature, fit donner ce bénéfice à son fils, Jean-Louis-Anne-Madeleine Lefèvre de Cheverus, qui n'avait encore que douze ans, et qui devint plus tard Cardinal et Archevêque de Bordeaux. Le revenu de ce bénéfice, accordé à ce jeune enfant, dont le père n'était pas fort riche, contribua beaucoup à effectuer sa vocation à l'état ecclésiastique, en le soutenant dans ses études. Le jeune de Cheverus passait une partie de ses vacances au château de Torbéchet.

Saint-Georges. C'est plus tard qu'une portion de cette lande a été assignée à la commune de Contest.

Prêtres qui ont desservi la Chapelle-au-Grain, depuis 1803 jusqu'a 1860.

La Chapelle-au-Grain a été desservie, depuis 1803 jusqu'en 1812 par sept prêtres qui sont : MM. Dauvernay, Moreau, Renard, Péan, Lefort, Launay et Moriceau. Elle est restée sans prêtre, depuis 1812 jusqu'en 1832, c'est-à-dire pendant vingt ans. Mais, depuis 1832 jusqu'à ce jour (1860), elle a joui, sans interruption, de la présence de cinq prêtres qui sont : M. Ragot, qui l'a desservie pendant quatre ans ; M. Gobard, pendant neuf ans ; M. Ade, pendant sept ans et six mois, (depuis le 25 janvier 1846 jusqu'au 1er août 1853); M. Liberge, pendant six ans et quatre mois, (depuis le 9 août 1853 jusqu'au 17 décembre 1859); et M. Blin, qui a succédé à ce dernier le 18 décembre 1859.

Érection de la Chapelle-au-Grain en paroisse.

Jusqu'au 15 février 1843, la Chapelle-au-Grain n'était qu'une chapelle vicariale ou annexe de Saint-Georges-Buttavent. En conséquence, les baptêmes, les mariages et les sépultures se faisaient à Saint-Georges. Ce n'est que depuis cette époque

que la Chaplle-au-Grain, devenue paroisse par le zèle et les démarches de M. Gobard, qui la desservait alors, possède des registres de baptêmes et de mariages, et que son église est pourvue d'une Fabríque régulière.

FABRIQUE DE L'ÉGLISE DE LA CHAPELLE-AU-GRAIN.

La Fabrique de l'église de la Chapelle-an-Grain ne possède ni rente ni biens-fonds; elle n'a seulement que le revenu annuel des places de l'église, dont le montant est en rapport avec la détresse des paroissiens. Obligée de pourvoir aux frais de culte et désireuse de compléter les décorations de la nouvelle église, elle ne pourra faire, d'ici à long-temps, aucune réserve. Pour le moment, elle n'a pas même assez de ressources pour remplacer son vilain petit dais, à deux bâtons; ni pour l'achat de linge et d'ornements, en rapport avec les grandes solennités.

CIMETIÈRE.

Le cimetière a été donné par M. Ledauphin-Tesnières, de Mayenne. Assez bien placé sur le bord du chemin le plus fréquenté, il rappelle aux passants leurs fins dernières, le grand but de tous leurs voyages, et leur demande un souvenir, un signe de croix, une petite prière pour leurs parents ou leurs amis défunts. Bien que la paroisse ait été érigée le 15 février 1843, ce n'est que deux ans après, c'est-à-dire en 1845, qu'on a commencé à faire les sépultures dans ce cimetière. Il a l'inconvénient d'être éloigné de 700 mètres de la nouvelle église ; mais quand M. Gobard a fait la demande du terrain, il n'était pas question de bâtir une église au bout du bourg ; autrement, il eût accepté sans aucun doute, pour cimetière, derrière la Croix-Pélier, une portion de terrain plus voisine, que lui offrait aussi, en pur don, M. Letemplier, demeurant au château de la Montre, en Placé.

Population de la Chapelle-au-Grain.

La paroisse de la Chapelle-au-Grain est une section de la commune de Saint-Georges-Buttavent, qui se compose actuellement d'environ 500 personnes, et dont le bourg se trouve à peu près éloigné de huit kilomètres du chef-lieu de la commune. Mais il faut ajouter à ce nombre de 500 au moins 300 habitants circonvoisins, de Placé et de Contest, qui suivent habituellement ses offices divins, et qui en sont devenus, par le fait, les paroissiens assidus ; car ils ont, en proportion de leur nombre, autant de places dans les bancs de l'église que les paroissiens de droit ; et ils se font un devoir de donner, comme ces derniers, la glane au Pasteur et au Sacristain, ainsi que le pain bénit, à la messe paroissiale.

Construction de la nouvelle église

Depuis longtemps la vieille église se trouvant trop petite pour une population, ainsi composée de 800 personnes, M. Ade, alors curé de la Chapelle-au-Grain, conçut le projet de construire une nouvelle et plus vaste église. Mais ne pouvant compter, pour réaliser son pieux dessein, sur les bourses de ses paroissiens, dont aucun ne possédait 400 francs de rente en *biens-fonds*, sollicita, dans l'ardeur de son zèle, et obtint de Mgr Bouvier, alors évêque du Mans, la permission de faire une quête dans le diocèse. Les aumônes qu'il reçut, réunies à quelques offrandes importantes, à celle, entre autres, de six mille francs donnés par madame d'Argencé, ex-propriétaire du château de la Montre, en Placé, atteignirent la somme totale de vingt-deux mille francs.

Zèle et concours des paroissiens.

Toutefois, cette somme était encore trop faible pour l'exécution du plan de la belle église qu'il voulait élever à la gloire de Dieu et à la convenance des habitants. Mais il trouva dans la bonne volonté de ses paroissiens un puissant concours : tous les fermiers, grands et petits, rivalisant de zèle, se sont chargés gratuitement du charroi de tout le bois et d'une bonne partie des pierres. Le dimanche, avant ou après l'office divin, on a vu plusieurs fois plus de deux cents personnes réunies former des chaînes pour aller chercher de l'eau à la petite rivière voisine, afin d'éteindre une quantité énorme de chaux ; car cette dernière n'a pas été épargnée, ainsi que la pierre de choix, pour la solidité des murs.

Travaux complémentaires de l'église.

C'est dans l'année 1852 que cette nouvelle église a été bâtie et surmontée de sa complète et solide toiture. Mais alors toutes ressources pécuniaires étant épuisées, elle est restée pendant dix-huit mois dans cet état sans pouvoir être entièrement terminée. C'est par les soins et, en grande partie, aux frais de M. Liberge, successeur de M. Ade, que les portes, les fenêtres, les bancs, les fonts baptismaux, le confessionnal, la chaire et les trois autels ont été confectionnés et placés. C'est encore lui qui a fait plafonner la voûte de l'église et construire la sacristie, qu'il a ornée de meubles et d'accessoires fort commodes. La solide et belle exécution de ces divers travaux lui a coûté au moins six mille francs, pris sur la vente de sa fortune de famille.

Enfin, cette église, qui a coûté tant de soins et de fatigues aux deux derniers Curés, a été livrée et consacrée au culte divin, par la bénédiction que lui a donnée M. Tison, Archiprêtre de Notre-Dame, de Mayenne, le 7 avril 1854, fête de la Compassion de la bienheureuse Vierge Marie, qui en est la Patronne.

Dimensions de l'église.

Voici la dimension de cette église, de dedans en dedans : sa longueur, y compris la tour, est de 30 mètres (90 pieds) ; sa largeur est de 8 mètres 33 centimètres (25 pieds) ; son transsept, ou la longueur d'une chapelle à l'autre, est de 20 mètres, (60 pieds); sa hauteur, sous voûte, est de 8 mètres 33 centimètres (25 pieds). Les stalles, les bancs, les bancelles des pauvres et des enfants donnent 450 places. Les allées et les deux chapelles pourraient donner accès à au moins 500 personnes debout; ainsi elle pourrait contenir de 900 à 1000 personnes.

Beauté de cette église.

La nouvelle église de la Chapelle-au-Grain, par la régularité de son style (plein-cintre), par sa forme d'une croix latine, par sa solidité, par sa grandeur, par la belle disposition de son chœur, par la position et l'ameublement de sa sacristie, par la commodité de ses bancs, par l'élégance de sa chaire en fer, par la somptuosité de ses trois autels en marbre, est, sans contredit, pour une paroisse de campagne, une des plus remarquables et des plus belles du diocèse. Nous ajouterons même ici qu'ayant donné pendant onze années, des missions dans douze différents diocèses de France, nous avons rencontré, dans les campagnes, peu d'églises aussi propres, aussi régulières et aussi belles que celle de la Chapelle-au-Grain.

Il ne manque plus à cette église, pour la rendre complète en tous points, qu'une *flèche* sur sa solide et élégante tour, haute de 50 pieds, et au moins une *cloche*, en rapport avec ce temple sacré, élevé à la gloire de Dieu et pour la sanctification des âmes. Espérons que quelques personnes charitables nous viendront bientôt en aide pour combler ce grand vide et compléter ce beau monument qui, depuis six ans, par le manque d'une flèche, choque les yeux du spectateur, et qui, par l'absence d'une cloche convenable, blesse l'oreille des fidèles.

Cloche. — Son poids.

La nouvelle église ne possède, comme héritage de l'ancienne, qu'une *seule petite cloche*, du poids de 64 kilogrammes (128 livres), pour appeler les fidèles à ses offices divins. Malgré le son argentin et éclatant qu'elle fait entendre, elle est loin cependant de suffire au besoin des paroissiens ; et, depuis son séjour dans la nouvelle église, elle demande une compagne, d'une voix plus forte et plus étendue. Puisse donc ce besoin être compris et satisfait, par quelque personne, au cœur compatissant et généreux !

Origine de cette petite cloche.

La révolution de 1793 avait enlevé à la vieille église de la Chapelle-au-Grain, avec tous ses vases sacrés, la seule cloche qui lui servait à convoquer les fidèles à ses offices religieux. Vers 1795, des soldats, à la solde de la république, allèrent chercher, au château de la Feuillée, paroisse de la Bigottière, la petite cloche de sa chapelle pour sonner le tocsin, dans les occasions d'alarme. Depuis cette époque, elle est restée au service de la paroisse de la Chapelle-au-Grain, comme une compensation de la perte de celle qui avait été enlevée, et dont on n'a jamais pu découvrir aucune trace.

Ancienneté de cette petite cloche. — Son inscription.

Cette petite cloche, léguée par la grande révolution, porte la date de *1743; ainsi, jusqu'à 1860, elle compte 217 ans d'existence. Auprès de toute âme bienfaisante, sa grande vieillesse de 217 ans est bien digne d'intérêt, et lui est un puissant

* 1643

auxiliaire pour implorer efficacement l'assistance d'une jeune compagne qui, la secondant de son mieux, lui prolongerait la vie et lui ferait atteindre une longévité peu commune. Voici le contenu de son inscription :

René du Bellay, seigneur comte de la Feuillée,(1) *et dame Renée de la Marzelière, son épouse, propriétaires de cette chapelle. — Ladite cloche a été tenue par Pierre Pivert, curé de la Bigottière, et Charlotte du Bellay; et a été nommée Charlotte. — Michel Duparc m'a faite en 1643.*

CHEMIN DE CROIX.

Le Chemin de Croix, donné par madame d'Argencé, insigne bienfaitrice de la Chapelle-au-Grain, a été érigé dans la nouvelle église le 14 mai 1854, (quatrième dimanche après Pâques), par M. Vincent, Vicaire-général du diocèse, en présence de M. Liberge, curé dudit lieu; de M. Gallouin, curé de Saint-Georges-Buttavent; de M. Guiard, curé de Placé; de M. Armange, vicaire de Châtillon-sur-Colmont; de MM. Conet, Jean Crétois, Guéry, Brault, Letourneux, membres de

(1) Ce château appartient maintenant à M. Desvalettes, de Mayenne.

la Fabrique ; et d'un très-grand nombre de fidèles de la paroisse et des paroisses voisines.

Ancien Presbytère.

L'ancien Presbytère de la Chapelle-au-Grain, fut bâti et donné, vers 1650, par M. Leménager, curé de Saint-Georges-Buttavent. L'État s'en empara à l'époque de la grande révolution, et le vendit à M. Hubert. Il fut acheté de ce dernier par M. Cribier, sacristain, qui l'a vendu à M. Auguste Mieuzé, son propriétaire actuel. Ce dernier, par l'exhaussement d'un étage et par d'autres importantes réparations, a fait, de cet antique presbytère, la plus belle et la plus vaste maison du bourg, qui donne un logement commode à deux ménages.

Nouveau Presbytère de location.

Une maison de location, appartenant à M. Fauveau, propriétaire du château de la Montre, en Placé, sert maintenant de Presbytère. Mais son éloignement de la nouvelle église et les frais de sa location font vivement désirer la construction d'un nouveau presbytère. Puisse ce désir si légitime être bientôt réalisé par le secours de quelques personnes bienfaisantes !

Maison d'École.

La maison d'école a été construite, en 1856, par les soins et aux seuls frais de M. Liberge qui a dépensé quatre mille francs pours cette construction et pour l'achat du jardin. C'est M. Vincent, son parent, Vicaire-général de Mgr Wicart, qui lui a conseillé cette œuvre éminemment charitable et chrétienne, qui est un immense bienfait pour la paroisse de la Chapelle, dont les enfants reçoivent depuis bientôt quatre ans et continueront de recevoir une instruction religieuse et civile, qui leur manquait. C'est, pour le Pasteur, un puissant auxiliaire dans l'enseignement de la Religion, au milieu d'une population pauvre, jusqu'alors complètement déshéritée de moyens d'instruction. Cette maison d'école a été ouverte aux enfants des deux sexes, le 1.er octobre 1856.

Toutefois, M. Liberge, trop tôt enlevé à l'affection des habitants de la Chapelle-au-Grain, pour aller curé de Forcé, près Laval, n'avait pas eu le temps de faire recevoir, par le Conseil municipal de Saint-Georges-Buttavent, sa maison, comme maison d'école communale pour la paroisse de la Chapelle ; ni de faire assurer à l'institutrice un supplément de traitement par ladite commune de Saint-Georges. Il a laissé la poursuite de cette double affaire à son successeur, M. Blin, qui a saisi l'occasion de la séance du dimanche, 13 mai 1860, pour faire cette double demande par la lettre suivante, en date du 10 mai 1860 ;

A M. le Maire et à MM. les Membres du Conseil municipal de Saint-Georges-Buttavent.

« Messieurs, vous savez qu'une distance d'environ huit kilomètres sépare le bourg de la Chapelle-au-Grain du bourg de Saint-Georges-Buttavent où se trouvaient exclusivement, il y a quatre ans, les écoles pour les enfants des deux sexes. Or, à une pareille distance, il n'était guère possible que les enfants de la Chapelle, la plupart appartenant à des familles pauvres ou peu aisées, allassent, souvent mal vêtus, au milieu des rigueurs de l'hiver et à travers de fort mauvais chemins, chercher une instruction quotidienne au chef-lieu de la commune. Et, cependant, c'est presque uniquement la saison de l'hiver qui est choisie, dans nos campagnes, pour le temps de l'instruction ; car, pendant l'été, les parents ont spécialement besoin de leurs enfants pour vaquer aux travaux des champs. Aussi, dans notre lointaine section, n'est-il pas rare de rencontrer, je ne dirai pas parmi les hommes d'un âge avancé, mais parmi nos jeunes gens eux-mêmes un bon nombre de personnes qui ne savent ni lire ni écrire. Je puis encore vous assurer, Messieurs, et avec connaissance de cause, que l'instruction religieuse, dans les âges que je viens de désigner, est pour le moins accompagnée d'autant d'ignorance que l'instruction civile.

« Profondément touché de cette double et déplorable ignorance, M. Liberge, mon exellent et charitable prédécesseur, malgré les six mille francs pris sur la vente de sa fortune de famille pour terminer notre église, a poussé le zèle et la bienfaisance jusqu'à prendre encore sur son patrimoine une somme de quatre mille francs pour faire construire, à la Chapelle-au-Grain, une maison d'école pour les enfants des deux sexes. C'est là que, depuis bientôt quatre ans, les enfants de notre paroisse reçoivent l'instruction qui, jusqu'alors, leur manquait.

« C'est, Messieurs, cette maison, en récent et solide état de construction, que M. Liberge veut bien vous donner, comme devant servir de maison d'école communale pour la paroisse de la Chapelle-au-Grain, à la seule condition que la commune de Saint-Georges paiera les frais d'acte et de mutation. Je viens donc vous prier de vouloir bien accepter, au nom de la commune que vous représentez, un don aussi généreux. Votre bienveillante acceptation assurera désormais, aux enfants de la Chapelle, un asile dont ils ont un premier et pressant besoin pour leur instruction.

« Mais, comme vous le savez fort bien, Messieurs, un logement n'est pas la seule chose nécessaire pour perpétuer et consolider une école, à la Chapelle-au-Grain : il faut, en outre, des ressources suffisantes pour y faire vivre une institutrice. L'État lui-même a fixé, par une loi, à 400 francs le *minimum* qu'elle doit recevoir chaque année. Or, voici d'après des informations exactes, que je suis en mesure de garantir, des détails que je dois vous donner :

« En moyenne, 35 enfants des deux sexes suivent l'école. Sur ce nombre de 35, tous les enfants pauvres, (et il n'en manque pas à la Chapelle), ne paient aucune rétribution. Et ici je dois le dire, à la louange de notre zélée institutrice, (Melle Rosalie Royer), les enfants indigents, bien qu'admis gratuitement à l'école, reçoivent, de sa part, les mêmes soins assidus que les enfants payants. Les recettes mensuelles de l'année atteignent avec peine le chiffre de *deux cents francs*. Ce n'est donc que la moitié des 400 francs auxquels le gouvernement lui donne droit. Une pareille situation ne peut plus se prolonger. Si donc, Messieurs, vous ne venez promptement à notre secours, la paroisse de la Chapelle a la crainte de se voir bientôt privée de notre excellente iustitutrice, dont le diplôme, en due et bonne forme, lui promet ailleurs une meilleure existence. Mais qui trouverons-nous pour la remplacer dans une position où l'on ne peut vivre? Personne! Cette section de votre commune, qui paie aussi sa part d'impositions pour soutenir les deux écoles de Saint-

Georges, resterait donc comme par le passé complètement deshéritée d'instruction. Mais non, Messieurs ; vous n'aurez pas le triste courage de priver les enfants de la Chapelle du moyen actuel de s'intruire ; vous voudrez bien, au contraire, que, comme les vôtres si favorisés à Saint-Georges, par deux écoles fort bien tenues et parfaitement suivies, ils continuent de recevoir, dans une seule et même maison communale, l'immense bienfait de l'instruction.

« Aussi, Messieurs, j'ai la ferme confiance que vous vous empresserez d'accepter la maison, si convenable à sa destination, que vous offre généreusement M. Liberge ; et que vous voudrez bien voter, chaque année, pour notre institutrice un supplément de traitement de *deux cents francs* qui, réunis aux rétributions mensuelles qu'elle perçoit, ne feront que compléter la somme de 400 francs, qui lui est due annuellement. Par ce vote bienveillant vous acquerrez un titre légitime à la reconnaissance éternelle des habitants de la Chapelle-au-Grain, ainsi qu'à la parfaite gratitude de leur pasteur.

« Veuillez agréer l'hommage du profond respect avec lequel j'ai l'honneur d'être, Messieurs, votre très-humble et tout dévoué serviteur.

J.-B. Blin,

curé de la Chapelle-au-Grain. »

ACCEPTATION DE LA MAISON D'ÉCOLE. — TRAITEMENT VOTÉ.

Après la lecture de cette lettre, par M. Charles Denis, maire de Saint-Georges, il n'y a pas eu une seule réclamation, ni parmi les membres du Conseil municipal, ni parmi les plus imposés de la commune, convoqués à cette séance. La maison de M. Liberge a été acceptée, comme maison d'école communale pour la Chapelle, par le Conseil municipal, qui a aussi voté, dans la même séance, le supplément de traitement annuel, demandé par M. Blin.

En conséquence de cet accueil favorable de la précédente lettre, l'avenir de l'école de la paroisse de la Chapelle est assuré. Aussi par ce nouveau don de quatre mille francs, ajouté au bienfait de six mille francs pour l'achèvement de l'église (ce qui fait en total un don de dix mille francs), M. Liberge a acquis un titre légitime à la reconnaissance des habitants de la Chapelle-au-Grain, qui devront ne l'oublier jamais. Ce pasteur généreux et zélé, à l'imitation du divin Maître, a passé ici six années et quatre mois en faisant le bien. Heureux donc les paroissiens qui ont possédé un si bon Prêtre! Heureux encore le Curé qui a succédé à un si pieux et si excellent confrère!

Religion.

La Chapelle-au-Grain est, pour la religion, une des bonnes paroisses du diocèse. La presque totalité des paroissiens satisfait au devoir pascal. L'office divin est bien fréquenté : quoiqu'il n'y ait qu'une messe, chaque dimanche, tout fidèle, quand il ne peut l'entendre, se fait une obligation d'aller en chercher une dans une des paroisses voisines. En général, le repos du dimanche est bien observé ; et si, par hasard, on consacrait quelques instants à un travail non nécessaire, ce serait plutôt par défaut d'instruction que par impiété : un avis du Pasteur suffirait pour le faire cesser ; car la docilité est une des premières vertus de cette population.

Cependant, pour être vrai, il faut dire que le dimanche il y a eu, par le passé, certains désordres à la Chapelle-au-Grain. Comme il n'y a dans cette localité, ni maire, ni adjoint, ni garde-champêtre, les jeunes gens des paroisses voisines se sont souvent donné rendez-vous dans cet endroit isolé pour se livrer plus à l'aise à une dissipation immorale, à des plaisirs condamnables et à des excès de débauches prolongés qui, parfois, ont occasionné des disputes, des rixes et des batteries sanglantes. La tradition rapporte même qu'une assemblée, qui avait lieu le 11 novembre, fête de

Saint-Martin, alors patron de la paroisse, a été supprimée vers 1780, par l'autorité civile, à la suite d'une batterie dans laquelle un homme avait été tué. Maintenant ces désordres paraissent moins fréquents; et il est beaucoup à désirer que les chefs des maisons où ils pourraient se renouveler, continuent de prendre, comme ils le font actuellement, tous les moyens en leur pouvoir pour les prévenir et les empêcher, afin de contribuer à détruire cette malheureuse réputation qui, en se prolongeant, ne pourrait que déshonorer les bons habitants et faire la honte de l'excellente paroisse de la Chapelle-au-Grain.

Bourg. — Sa position.

Le bourg de la Chapelle-au-Grain, dont l'air est fort pur et très-sain, est situé sur une petite montagne, d'où l'on découvre de l'Est au Midi, un horizon admirable de cinq à six lieues d'étendue. Cet horizon, du Midi au Couchant, est borné, à trois kilomètres, par la haute montagne du Clairet (1), couronnée de bouquets de sapins, et par la vaste forêt de Mayenne, et enfin, au Nord, par d'énormes rochers grisâtres. Du Midi au Couchant, l'œil étonné s'abaisse au fond d'un ravin,

(1) Cette montagne appartient, en grande partie, à la famille du Méry, propriétaire du château de la Quitterie, en Placé.

tout près du bourg, pour voir couler et serpenter, au milieu des prairies, la jolie petite rivière dite de la *Chapelle-au-Grain* ; puis il se relève satisfait, pour regarder encore avec complaisance, sur le coteau opposé, la belle ferme de Crapon ; pour chercher à découvrir l'agréable manoir de Chevray(1), et se fixer avec délice sur le château de la Montre (2), encadré dans un magnifique bosquet, que forment une antique charmille et une multitude de vieux arbres étrangers.

Chemin communal.

Le bourg de la Chapelle-au-Grain, environnné, à deux kilomètres, de la forêt de Mayenne et enfoncé au milieu des terres, n'a de communication que par un seul chemin de quinze cents mètres, qui aboutit à la route de grande communication de Mayenne à Placé. Et encore, il y a douze ans, ce chemin était si étroit, si profond et si mauvais, pendant l'hiver, qu'aucune personne n'y passait à pied, et qu'un cheval pouvait à peine y traîner une voiture vide. C'est en 1848 que ce chemin a été ouvert.

Invités par M. Ade, alors curé de la Chapelle-

(1) Habité par la famille Guillouard.

(2) Habité par son propriétaire, M. Fauveau, et la famille Letemplier.

au-Grain, les habitants de la paroisse et des paroisses voisines se sont présentés en foule pour abattre tous les arbres et toutes les émousses qui bordaient, en grand nombre, cet affreux chemin. Cette multitude d'hommes s'est mise au travail avec tant de vigueur, qu'au moyen de nombreuses cordes les plus forts arbres étaient abattus sans presque avoir été déracinés auparavant. Deux jours ont suffi pour jeter par terre tous ceux qui gênaient l'ouverture de ce chemin, dans toute la longueur de ces quinze cents mètres.

Ce chemin a été déclaré communal, en 1852, par les soins de M. Martin Denis, alors maire de Saint-Georges-Buttavent, qui était fort dévoué aux intérêts de la Chapelle-au-Grain. C'est encore lui qui a fait encaisser deux ans après, c'est-à-dire en 1854, ce même chemin, depuis le cimetière jusqu'à la route de Mayenne à Placé. Sa trop prompte mort a été très-sensible aux habitants de la Chapelle, qui ont perdu en lui un protecteur fort zélé. Toutefois, ils ont retrouvé le même dévouement pour eux dans la personne de M. Charles Denis, son frère, qui lui a succédé dans les mêmes fonctions de maire de Saint-Georges-Buttavent. C'est par l'appui qu'il a bien voulu prêter à la demande de M. le Curé actuel de la Chapelle, que la maison de M. Liberge a été acceptée, par le Conseil municipal, comme maison d'école communale, et qu'a été voté le supplément de traitement pour l'institutrice. C'est encore à sa bienveillance pour la Chapelle-au-Grain que nous devons l'encaissement de notre chemin communal, depuis le cimetière jusqu'au bourg, et le pont jeté sur la petite rivière du Pas-de-Pierres. Ces travaux ont été exécutés en 1860.

Chemin de la Croix-Pélier.

C'est en 1847 qu'a été ouvert et terrassé le chemin qui conduit à la Croix-Pélier. Le chemin qui est au-delà de la Croix-Pélier et qui n'existe que pour l'exploitation des terres et des fermes qui l'environnent, a été ouvert en 1856. Avant cette époque, il était très-étroit et fort mauvais : c'était avec peine qu'une voiture, à moitié chargée, pouvait y passer. C'est par la coopération des fermiers limitrophes et aux frais des trois principaux propriétaires des terrains voisins, M. Desvalettes, Mme veuve Ledauphin et M. Fauveau, que ce même chemin, en 1860, a été encaissé et accompagné de deux fossés pour l'écoulement des eaux.

Pauvreté de la paroisse.

Le bourg de la Chapelle-au-Grain se compose de vingt-six maisons, toutes habitées par des locataires, à l'exception d'une seule occupée par son propriétaire. Il en est exactement de même à la campagne : il n'y a qu'une seule petite closerie qui soit occupée par son propriétaire ; toutes les autres closeries, fermes et maisons sont habitées par des locataires. A cette occasion, on voudra bien nous permettre de rappeler ici qu'il n'y a pas, dans toute la paroisse de la Chapelle-au-Grain, un seul propriétaire qui ait en *biens-fonds* quatre cents francs de rente. On ne peut donc compter sur aucun secours pécuniaire de la part des habitants pour l'achèvement des travaux de l'église et pour la construction d'un presbytère. Puisse cette pauvreté de notre paroisse être comprise par quelques âmes riches et bienfaisantes, qui daignent venir à notre secours !

Travail. — Mendicité.

Cependant, presque tous les habitants de la Chapelle-au-Grain pourvoient, par le travail, à leurs différentes nécessités : il n'y a, dans la paroisse, que trois familles mendiantes, et trois autres qui reçoivent des secours, à domicile. Les autres habitants trouvent leur subsistance dans la culture de la terre : c'est le plus grand nombre ; et plusieurs autres la cherchent dans l'exercice d'un art mécanique.

Professions.

Le bourg possède un menuisier, — un cordonnier, — un tissserand, — un charpentier-couvreur, — un barbier, — une boutique de maréchal, — un atelier de charrons, — un débit de tabac, — deux cabarets, — deux marchands d'épicerie, de pain et de mercerie, — trois journaliers, — trois ouvrières *en couture* et *en blanc*, — douze métiers à calicot, dont neuf sont occupés par des femmes et trois par des hommes. A la campagne, il y a quatre autres métiers à calicot, qui sont occupés par des femmes.

Lit a l'hopital d'Alexain.

Madame d'Argencé, toujours bonne et charitable pour la Chapelle-au-Grain, a fondé en 1856, au moyen d'un capital de quatre mille francs, un lit à l'hôpital d'Alexain, en faveur des pauvres de notre paroisse. C'est une grande consolation pour nos malheureux. Depuis cette époque, ce lit est occupé par une femme pauvre et infirme. Ainsi nous devons à cette excellente Dame (ex-propriétaire du château de la Montre et maintenant habitant Alençon), nous lui devons 4000 fr. pour la fondation de ce lit ; 6000 fr. pour la construction de la nouvelle église ; notre chemin de Croix, et la plupart des ornements et du linge de notre sacristie. Puisse le ciel la récompenser de tant de bienfaits !

État du sol.

Le sol de la Chapelle-au-Grain, défriché probablement autrefois dans la forêt de Mayenne qui l'entoure de l'Ouest au Nord, n'est encore que d'une moyenne fertilité, ainsi que plusieurs prairies qui ont remplacé des landes. Mais la grande quantité d'engrais et de chaux qu'on ne cesse d'y déposer l'améliore sensiblement et fait promettre de bonnes récoltes à l'avenir. On ne cultive que le froment, l'orge, l'avoine et le ray-grass, dont la graine est un grand produit. Les champs sont assez bien plantés de pommiers et de poiriers, dont le cidre est de bonne qualité.

Fermages.

En général les closeries sont louées à prix d'argent ; mais la plupart des fermes, proprement dites, sont louées à moitié, c'est-à-dire que le propriétaire et le fermier partagent les produits de la terre et les profits des bestiaux.

Principaux propriétaires.

Les principaux propriétaires du sol de la Chapelle-au-Grain sont : M. Fauveau, du château de la Montre ; M. Desvalettes, Mme Ledauphin, Mme Lemercier, tous les trois de Mayenne ; Melle Lepêcheux, M. et Melle Dulaurent, tous les trois de Laval ; M. Hélasse, de la Bigottière,

Mme veuve Guérin et M. Pierre Guérin, d'Alexain ; Mme veuve Hamelin-la-Chenais, de Grazay ; M. Roulin et M. Hameau, d'Andouillé.

Croix-Pélier.

La *Croix-Pélier* est ainsi appelée, du nom de M. Pélier, prêtre qui desservait la Chapelle-au-Grain, avant la révolution de 1793. C'est lui qui la fit planter vers 1780. A cet effet, il obtint la portion de terrain qu'elle occupe, de Mme d'Osmont, duchesse de Mazarin, alors propriétaire du château et des forges de Chailland.

A cette même époque, furent plantés, comme l'atteste leur grosseur, les hêtres magnifiques dont les branches entrelacées forment, au-dessus de de cette Croix et de son autel en pierres, une sorte de voûte fort élevée qui la protège, pendant l'été, contre la pluie et les ardeurs du soleil, et qui en fait une élégante et majestueuse chapelle de verdure.

Cette Croix, qui est éloignée de l'église d'environ deux cent cinquante mètres, sert de but pour les processions des Rameaux, des Rogations, de la Communion des enfants, des Fêtes-Dieu et de l'Assomption de la Sainte Vierge.

Rivières.

Deux petites rivières arrosent, du Nord au Midi,

la paroisse de la Chapelle-au-Grain. Celle qui est du côté du Levant prend le nom du *Pas-de-Pierres*, probablement à cause des énormes cailloux qui ont servi à la traverser à pied, et qui ont été remplacés par le petit pont jeté sur cette rivière. Plus haut cette même rivière se nomme les *Marodins*, sans doute à cause des sinuosités qu'elle décrit au milieu des prairies qu'elle parcourt. Elle prend sa source près de la Hénoillère, village de la Chapelle-au-Grain.

L'autre petite rivière, au Couchant, s'appelle *rivière de la Chapelle-au-Grain*. Elle prend sa source dans la forêt de Mayenne. Ces deux rivières se réunissent au Midi de la Chapelle pour aller se jeter dans la grande rivière de la Mayenne, en passant par les communes de Contest, de Saint-Germain-d'Anxure et d'Alexain.

La petite rivière de la Chapelle-au-Grain coule au fond d'un ravin, à 150 mètres du bourg. Elle reçoit l'eau d'une fontaine limpide et abondante qui fournit, en toutes saisons, aux besoins de la population. Les offrandes réunies des habitants du bourg ont fait entourer cette belle et précieuse fontaine d'une muraille voûtée et d'une porte à treillis, qui la protègent contre toute malpropreté.

Cette petite rivière alimentait autrefois deux moulins. L'un tout près du village de Laugrumière, dont il portait le nom, a été détruit vers 1780.

A Laugrumière, non loin de ce moulin, il existe encore quelques débris de muraille qui révèlent l'existence d'une magnifique maison de campagne. Ce manoir, qui a appartenu à la duchesse de Mazarin, a été détruit vers 1750. Dans la suite, cette propriété fut vendue à M. Lelièvre de Mayenne. Le village de Laugrumière, qui se compose maintenant d'une ferme et de deux maisons, appartient à M. Fauveau, propriétaire du château de la Montre, en Placé.

Outre le moulin de Laugrumière, la petite rivière de la Chapelle-au-Grain alimentait encore le moulin des Fontaines, qui était placé à environ 200 mètres du village actuel des Fontaines. Ce moulin, favorisé par une admirable chute d'eau et pouvant avoir à son gré, moyennant une rétribution proportionnée à leur dépense, les eaux du profond et vaste étang de Pouriette, ne manquait jamais d'eau. Ce moulin, si nécessaire aux habitants de la contrée à cause de la grande distance des moulins voisins, a été détruit vers 1822, par l'incurie de l'autorité locale qui ne fit, comme c'était son droit et son devoir, aucune réclamation pour la conservation de cette usine si nécessaire au public.

La destruction du moulin des Fontaines a été suivie de près par celle du bel étang de Pouriette, qui avait au moins quatre kilomètres de tour. Enclavé dans la forêt de Mayenne, il est maintenant, comme elle, planté de bois. Les personnes qui, autrefois, venaient en foule à ses célèbres pêches, ne le distinguent plus aujourd'hui que par son immense vallon. Les terrains riverains et surtout les prairies qu'arrosaient les eaux du moulin des Fontaines et du vaste étang de Pouriette, ont beaucoup perdu de leur fertilité par leur mutuelle et complète destruction.

Forge a fer.

On dit que non loin du moulin des Fontaines existait autrefois une petite forge à fer ou tout au moins un fourneau pour couler la gueuse, dont le minerai se trouvait dans la forêt voisine. Des fragments assez considérables de gueuse, de gros morceaux de fer laissés jusqu'alors en grande quantité dans cet endroit pour clore les champs, donnent à cette opinion une apparence de réalité. Cette petite usine appartenait sans doute à la célèbre forge de Chailland, qui possédait dans ce temps, comme maintenant, la forêt de Mayenne.

Hutte-a-corbeau.

Sur la limite de la paroisse de la Chapelle-au-Grain et sur le bord de la forêt de Mayenne, du

Nord au Couchant, il existe une chaîne de rochers grisâtres qui, par leur hauteur, leur épaisseur et leur masse énorme, paraissent défier la durée des siècles et l'injure des temps. Solidement fixés sur la crête d'un immense amphithéâtre, ils semblent plonger leur regard immobile sur le magnifique bassin que forme la campagne de la Chapelle, et dire aux personnes qui l'habitent : « Nous avons « vu descendre au tombeau vos ancêtres, vos « aïeuls et vos pères ; nous vous verrons aussi « tomber dans le gouffre de la mort, ainsi que vos « fils et vos petits-fils, jusqu'à la dernière généra- « tion : mais nous, nous sommes demeurés ici et « nous y resterons jusqu'au dernier jour du « monde, en rendant un continuel et solennel « hommage à la main puissante du Créateur, qui « nous a placés là comme des bornes inébranla- « bles au temps et comme une fidèle image de « l'éternité. »

Dans l'intérieur de l'un de ces rochers, vers le Couchant d'été, se trouve une grotte qui pourrait contenir quatre à cinq personnes debout. Son ouverture, grande comme l'orifice d'un four, est fixée au Midi et élevée d'environ cinq mètres au-dessus de la base du rocher. Quelques pierres saillantes servent aux personnes adroites pour y monter. La pierre, qui forme la voûte de cette ouverture, imite, par son isolement, le son d'une cloche, quand on la frappe avec un corps dur.

La tradition du pays rapporte qu'avant la grande révolution, cette grotte a donné asile pendant assez long-temps à un homme, appelé Corbeau. C'est de là que lui est venu le nom de : *Hutte-à-Corbeau.* On ne sait pas précisément à quel titre cet homme habitait cette *hutte.* Les uns disent que c'était en qualité d'anachorète ; les autres, (et c'est le plus grand nombre), soutiennent que cet homme était condamné par la justice civile, à une peine fort grave, et qu'étant contumace il se cachait pendant le jour dans cette hutte qui était alors, beaucoup plus qu'aujourd'hui, environnée de bois et de broussailles, et qu'enfin il en sortait pendant la nuit pour aller chercher sa nourriture dans le voisinage.

Non loin de la Hutte-à-Corbeau, se trouve une agréable habitation, appartenant à Mme Ledauphin, de Mayenne. Elle se nomme le *Rocher*, à cause de son élévation, d'où l'on découvre un horizon admirable.

Chapelle-du-Hec. (1)

La chapelle de Notre-Dame-du-Hec est située

(1) Le lecteur comprendra facilement le motif qui nous fait parler ici de cette chapelle, qui n'appartient pas à notre paroisse.

sur le bord de la forêt de Mayenne, à 3 kilomètres au Nord du bourg de la Chapelle-au-Grain. Elle est en grande vénération auprès des habitants de la contrée, qui y font célébrer de nombreuses messes par les prêtres de Saint-Georges, de la Chapelle et de Châtillon. Des faveurs signalées, des guérisons extraordinaires ont, jusqu'à ce jour, soutenu le zèle et récompensé la foi des pélerins, qui viennent dans ce lieu solitaire et silencieux pour implorer l'assistance de la Mère de Dieu.

Cette petite chapelle, qui n'a que dix pieds de longueur, dix pieds de largeur et douze pieds sous voûte, a été bâtie en 1826, comme le dit l'inscription suivante, placée au haut de sa porte :

Cette chapelle a été érigée par les
descendants de pierre Pérou, cultivateur,
et de Jeanne Rofin, son épouse, tous
de Saint-Georges-Buttavent.
10 *août* 1826. — *Requiescant in pace.*

La Chapelle-du-Hec, située sur la limite qui sépare les deux paroisses de Saint-Georges-Buttavent et de la Chapelle-au-Grain, a donné lieu, par cette position, à de nombreuses discusions, à l'effet de savoir à laquelle des deux paroisses elle devait appartenir. Bien que cette affaire ait été terminée par une Ordonnance de l'autorité diocèsaine, cependant il existe encore un bon nombre de personnes qui se soumettent difficilement à la décision épiscopale de Mgr Bouvier. Nous allons donc mettre sous leurs yeux des raisons péremptoires qui devront achever de les convaincre.

D'abord, il faut se rappeler que la paroisse de Saint-Georges-Buttavent, qui voulait bien donner son consentement pour l'érection de la paroisse de la Chapelle-au-Grain, pouvait se réserver la Chapelle-du-Hec : c'était son droit. Effectivement, elle a fait cette réserve, comme le prouvent deux *délibérations* du Conseil municipal de Saint-Georges, en date du 18 octobre 1840 et du 21 septembre 1841, et trois *délibérations* du Conseil de fabrique, en date du 1er juin 1840, du 15 septembre 1841 et du 27 novembre 1842. Voici le contenu de l'une de ces trois délibérations du Conseil de fabrique :

« Le Conseil de fabrique de l'église de Saint-« Georges-Buttavent, consent à ce que cette por-« tion (de la Chapelle-au-Grain) soit distraite de « la paroisse de Saint-Georges pour être érigée en « succursale; mais sous la réserve que la *Cha-« pelle-du-Hec*, située sur le bord de la limite, « restera, (comme par le passé), unie à son « ancienne juridiction, c'est-à-dire à la paroisse « de Saint-Georges-Buttavent. Les motifs de cette

« réserve sont : 1° que le desservant actuel « (M. Gallouin) a fondé une rente annuelle de 30 « francs, en faveur de la fabrique de l'église de « Saint-Georges-Buttavent, sous la condition que « ladite fabrique se chargerait des réparations « locatives de la Chapelle-du-Hec : ce qui a été « accepté ; 2° que les habitants ayant une grande « vénération pour ce lieu de piété, y font célébrer « beaucoup de messes ; 3° que le desservant, étant « chargé de tout le matériel de ladite Chapelle, « désire conserver ses droits pour lui et ses successeurs. »

Le plan des deux paroisses de Saint-Georges et de la Chapelle-au-Grain, visé et approuvé par les autorités compétentes, laisse la Chappelle-du-Hec en dehors des limites de la Chapelle-au-Grain. Par conséquent, la Chapelle-du-Hec n'étant pas sur son territoire, ne doit pas dépendre de sa juridiction.

D'après ce plan, le petit ruisseau ne limite la paroisse de la Chapelle-au-Grain que jusqu'à la forêt, c'est-à-dire jusqu'au chemin qui longe la forêt, du Nord au Couchant. Le ruisseau prolongé dans la forêt, appartient, comme la Chapelle-du-Hec, à la paroisse de Saint-Georges-Buttavent.

Au reste, une Ordonnance de Mgr Bouvier (qui avait bien le droit, comme évêque du diocèse, de limiter les deux paroisses) en date du 23 octobre 1850, contient les articles suivants :

« ART. Ier. La Chapelle-du-Hec demeure an-
« nexée à la paroisse de Saint-Georges-Buttavent.

« ART. II. En conséquence, M. le Curé de
« Saint-Georges exercera sur ladite Chapelle la
« surveillance et les droits que les règles ecclé-
« siastiques et l'usage attribuent au Curé sur les
« lieux de pélerinage public, situés dans sa pa-
« roisse.

« ART. III. Afin que tous les prêtres puissent
« aisément se procurer ce qui sera nécessaire pour
« célébrer la sainte messe dans cette Chapelle, le
« calice et les autres objets d'un certain prix, qui
« ne pourraient prudemment y être laissés, seront
« déposés, avec la clef, chez un habitant du
« voisinage. »

On voit, par tout ce qui précède, que la Chapelle-du-Hec appartient exclusivement et en toute justice, (de droit et de fait), à la paroisse de Saint-Georges-Buttavent, et que la paroisse de la Chapelle-au-Grain n'a absolument aucun droit ni ne doit avoir jamais aucune prétention sur ladite Chapelle-du-Hec.

BOITE AUX LETTRES.

La Chapelle-au-Grain, jusqu'à l'année 1860, n'avait point possédé de boîte aux lettres. C'est par les instances de M. Charles Denis, maire de Saint-Georges-Buttavent, et les démarches de M. Blin, curé de la Chapelle-au-Grain, qu'elle a été obtenue de l'Administration postale ; mais à la condition expresse que les habitants paieraient à ladite Administration le prix *ordinaire* de trente-cinq francs pour son achat, et feraient les frais de son placement.

Cette boîte aux lettres oblige le facteur à venir tous les jours au bourg de la Chapelle-au-Grain, tandis qu'auparavant il n'y paraissait que deux ou trois fois par semaine.

Confirmation.

Jamais, de vie d'homme, la confirmation n'avait été donnée à la Chapelle-au-Grain, et jamais encore ce petit bourg n'avait été favorisé de l'heureuse et honorable présence d'un Evêque. Mais Mgr Wicart, premier évêque de Laval, doué d'une charité immense et d'un zèle admirable, n'avait point oublié, dans ses itinéraires apostoliques, cette petite population. Sa Grandeur, accompagnée de son frère, M. Wicart, Vicaire-Général, daigna la visiter, le samedi 1er mai 1858.

A l'approche de ce beau jour, de cette grandissime solemnité, les habitants, encouragés par l'exemple de M. Liberge, leur bien-aimé Pasteur, rivalisèrent de zèle pour la propreté et la décoration du bourg. De magnifiques arcs-de-triomphe s'élèvent, comme par enchantement, et se succèdent par petits intervalles ; une forêt d'oriflammes flottent au gré du vent ; une multitude de guirlandes serpentent sur les murailles, couronnent les portes, ornent le linteau des fenêtres et se croisent dans les airs ; les deux côtés de la rue, séparés ça et là par des tapis de gazon, se trouvent plantés d'arbrisseaux verts et de lilas en pleines fleurs. Tout ce petit bourg présentait un aspect ravissant : on eût dit qu'en ce jour fortuné, de suave joie et de cordiale entente, il s'était transformé en une sorte de paradis terrestre. Monseigneur lui-même, si accoutumé à de semblables merveilles, témoigna cependant, pour celle-ci, son agréable surprise, et demanda où l'on avait pu se procurer cette jolie petite forêt de lilas fleuris. (1)

Mais ce qui ne frappa pas moins Sa Grandeur, dans ce grand jour de fête, furent la joie et le bonheur qui rayonnaient sur tous les fronts, la beauté et les décorations de la nouvelle église, la tenue modeste et pieuse des habitants dans le lieu saint, la foule des fidèles qui reçurent, de ses

(1) Cet arbuste est assez commun dans le pays.

mains, la sainte communion, l'ordre et le recueillement des enfants et des grandes personnes, qui se présentaient pour recevoir le sacrement de Confirmation. Aussi Monseigneur en témoigna-t-il en chaire sa vive satisfaction, en faisant l'éloge du pieux et zélé curé, et en félicitant les paroissiens de leur foi pratique et de leur empressement religieux à recevoir les grâces abondantes et signalées que le premier Pasteur du diocèse venait leur apporter au nom du divin Maître qui, pour la première fois depuis nombre d'années, les visitait dans sa personne. Le souvenir de ce jour, à jamais béni, est encore tout vivant dans le cœur et l'esprit des habitants, et se conservera toujours dans leur fidèle et heureuse mémoire.

Conclusion.

Les principales raisons qui nous ont fait entreprendre ce petit travail, ont été de mettre sous les yeux de nos lecteurs ce que la Chapelle-au-Grain a de plus remarquable, pour les intéresser à cette pauvre paroisse ; de leur exposer le bien qui s'y était fait à l'occasion de la construction de la nouvelle église, et de leur indiquer celui qui reste encore à faire. Si donc parmi nos bienveillants lecteurs il se rencontrait quelques charitables personnes, qui eussent le pouvoir et la généreuse volonté de venir à notre secours, nous leur en témoignerions sincèrement notre parfaite reconnaissance, comme nous l'avons témoignée, dans cet écrit, aux personnes bienfaisantes qui ont laissé ici des souvenirs ineffaçables de leur pieuse libéralité. Nous prierions encore le Seigneur d'acquitter lui-même notre dette d'insigne gratitude envers nos derniers bienfaiteurs, comme envers nos premiers, en les récompensant de ses plus précieuses faveurs. Nous laisserions à chacun d'eux le choix des trois principales bonnes œuvres qui restent encore à faire à la Chapelle-au-Grain, et qui sont : la construction d'un *Presbytère*, l'acquisition d'une *Cloche*, et l'élévation d'une *Flèche* sur la tour de la nouvelle église. Quelle que fût la désignation de l'offrande envoyée ou promise, elle serait scrupuleusement respectée. Puisse la réalisation prochaine de ces trois bonnes œuvres être la récompense de ce petit ouvrage, comme elles ont été le puissant motif qui nous l'a fait écrire et publier !

TABLE DES MATIÈRES.

www.ingramcontent.com/pod-product-compliance
Ingram Content Group UK Ltd.
Pitfield, Milton Keynes, MK11 3LW, UK
UKHW012300240726
13966UKWH00004B/1534

9 782013 041751